WER IST
KAMALA HARRIS?

WER IST
KAMALA HARRIS?

von Kirsten Anderson

Illustriert von Manuel Gutierrez

Coverillustration von Alexandra Helm

Für Professor Garro – MG

Coverillustration: Alexandra Helm
Übersetzung: Simone Fischer
Satz deutsche Ausgabe: Julia Groier-Bleiweis

www.adrian-verlag.de
Adrian & Wimmelbuchverlag GmbH
Friedrichstraße 126, 10117 Berlin

Alle deutschen Rechte vorbehalten
ISBN-13: 9783985850310
Printed in EU 2022

INHALT

WER IST KAMALA HARRIS?

Am 11. August 2020 twitterte eine US-Senatorin aus Kalifornien namens Kamala Harris: „Schwarze Frauen und Women of Color sind in politischen Ämtern schon seit Langem unterrepräsentiert, und im November haben wir die Chance, das zu ändern. Lasst es uns angehen."

Drei Stunden später tweetete der demokratische Präsidentschaftskandidat Joe Biden: „Ich habe die große Ehre, bekanntzugeben, dass ich @Kamala Harris – eine furchtlose Kämpferin für die einfachen Menschen und eine der besten öffentlichen Bediensteten des Landes – als meine Mitkandidatin ausgewählt habe."

Kamala Harris, die Senatorin aus Kalifornien, war als Kandidatin der Demokraten für das Amt der Vizepräsidentin ausgewählt worden. Sie hatte damit die Gelegenheit ergriffen, den Wandel herbeizuführen, von dem sie gerade gesprochen hatte.

Die Wahl war in vielerlei Hinsicht sinnvoll. Kamala war eine erfahrene Politikerin. In ihrem Heimatland Kalifornien hatte sie bereits mehrere Wahlen für öffentliche Ämter gewonnen. Sie wusste, wie man einen Wahlkampf führt. Und sie stimmte in vielen Fragen mit Joe Biden überein.

Aber selbst im Jahr 2020 war Kamalas Wahl ein mutiger Schritt, denn es gab immer noch Menschen, die nicht glaubten, dass eine Frau eine Führungsposition wie die der Vizepräsidentin bekleiden könnte. Geraldine Ferraro und Sarah Palin hatten beide für das Amt der Vizepräsidentin kandidiert. Hillary Clinton hatte sich für das Präsidentenamt zur Wahl gestellt. Kamala war erst die vierte Frau – und die erste Woman of Color –, die auf dieser Ebene kandidierte. Ihr Vater war ein Jamaikaner, und ihre Mutter kam aus Indien. Die Amerikaner waren es nicht gewohnt, dass jemand, der so aussah wie sie, für das zweithöchste Amt im Lande kandidierte.

Einige Leute waren von dieser Nachricht begeistert – darunter viele Women of Color. Wenn Kamala Harris für das Amt der Vizepräsidentin nominiert werden konnte, dann würde sich vielleicht etwas für Frauen und insbesondere für Women of Color ändern.

Andere Wähler reagierten eher mit gemischten Gefühlen. Ihnen gefiel zwar die Tatsache, dass Kamala eine Woman of Color war, weil sie wussten, dass es viel zu lange gedauert hatte, bis eine Schwarze oder südostasiatische Frau die Chance bekam, an die Macht zu kommen. Aber sie glaubten nicht, dass Kamala entschlossen genug war, sich für Veränderungen in Bereichen, wie z.B. der Gesundheitsversorgung oder der Strafverfolgung, einzusetzen.

Kamala war sich bewusst, dass es Zweifler gab. Aber das war für sie in Ordnung. Sie war schon viele Male zuvor die Erste bei etwas gewesen. Sie war die erste Schwarze Staatsanwältin in Kalifornien gewesen. Sie war die erste Schwarze Frau gewesen, die zur Generalstaatsanwältin von Kalifornien gewählt wurde. Und sie war die erste Schwarze Senatorin in Kalifornien gewesen. Kamala war es gewohnt, zu kämpfen, also war sie bereit, auch gegen alle Zweifel zu kämpfen. Und sie war bereit, für das amerikanische Volk zu kämpfen.

KAPITEL 1

SHYAMALA UND DIE MÄDCHEN

Kamala Devi Harris wurde am 20. Oktober 1964 in Oakland, Kalifornien, geboren. Ihr Name bedeutet „Lotusblüte", das ist ein wichtiges Symbol in der indischen Kultur.

Kamalas Vater, Donald Harris, kam aus Jamaika, um an der Universität von Kalifornien in Berkeley Wirtschaftswissenschaften zu studieren. Shyamala Gopalan, ihre Mutter, kam aus Indien nach Berkeley. Sie studierte Ernährungswissenschaften und Endokrinologie – das ist ein Teilbereich der Medizin. Später wurde sie Brustkrebsforscherin. Kamalas Eltern waren beide in der Bürgerrechtsbewegung der 1960er Jahre aktiv, und dort lernten sie sich auch kennen. Kamala erinnert sich noch daran, dass sie im Kinderwagen bei Protesten und Märschen mitfuhr. Die Freunde aus der Bürgerrechtsbewegung waren Kamala und ihren Eltern so eng verbunden wie eine Familie.

Kamala wuchs damit auf, dass ihre Eltern und deren Freunde über den Kampf für Gerechtigkeit für rassistisch Diskriminierte diskutierten und darüber sprachen, wie sie die Welt verändern könnten.

1967 wurde Kamalas Schwester, Maya, geboren. Als Kamala gerade einmal sieben Jahre alt war, beschlossen ihre Eltern, sich scheiden zu lassen. Ihr Vater war weiterhin ein wichtiger Teil ihres Lebens, doch ihre Mutter zog Kamala und ihre Schwester auf. Die drei standen sich sehr nahe.

Shyamala wusste, dass die meisten Amerikanerinnen und Amerikaner Kamala und Maya als Schwarze Frauen betrachten würden. Deshalb sorgte sie dafür, dass die beiden stolz auf ihre Identität waren und dass sie zur Schwarzen Gemeinschaft in Oakland gehörten. Sie verbrachten viel Zeit im Rainbow Sign, einem Kulturzentrum, in dem Schwarze Künstler, Redner und Denker auftraten. Außerdem besuchten sie die Familie ihres Vaters in Jamaika.

Shyamala ermöglichte es Kamala und Maya aber auch, ihre indischen Wurzeln zu entdecken. Familienmitglieder aus Indien besuchten sie in Kalifornien, und die Mädchen reisten auch ein paar Mal nach Indien.

Kamalas Großvater hatte am Kampf um die Unabhängigkeit Indiens von Großbritannien teilgenommen und hochrangige Regierungsämter bekleidet. Wenn sie ihn in Indien besuchte, hörte Kamala aufmerksam zu, wie er und seine Freunde über Politik sprachen. Ihre indische Großmutter setzte sich für ein besseres Leben der Frauen in den Dörfern ein.

Shyamala und die Mädchen zogen in eine Wohnung in Berkeley, einer Stadt in der Nähe von Oakland. Dort bestand ihre Nachbarschaft hauptsächlich aus Schwarzen Arbeiterfamilien. Kamala fuhr mit dem Bus zur Thousand Oaks Elementary School, die sich in einem wohlhabenderen Teil von Berkeley befand. Damals wusste sie es noch nicht, aber diese Busfahrt war Teil einer landesweiten Initiative zur Integration Schwarzer Kinder in den örtlichen Schulen der weißen Bevölkerung. Unter *Integration* versteht man den Prozess des Zusammenfügens und Zusammenwachsens. Die Idee war, Kinder verschiedener Races und Klassen in den Schulen zusammenzubringen. Aufgrund des Integrationsprogramms besuchte Kamala eine Schule mit Schülern aus vielen verschiedenen Schichten. Sie lernte Menschen kennen, die sie ohne dieses Programm vielleicht niemals getroffen hätte.

Nach der Schule gingen Kamala und Maya oft zu einer Nachbarin, bis ihre Mutter von der Arbeit in ihrem Forschungslabor nach Hause kam. Kamala nahm Klavierunterricht und besuchte auch Tanzkurse.

Abends kochte ihre Mutter gerne. Sie experimentierte mit verschiedenen Rezepten und zeigte ihren Kindern, dass Essen Spaß machen konnte. Kamala eiferte ihrer Mutter nach und wurde selbst eine ausgezeichnete Köchin.

Als Kamala zwölf Jahre alt war, wurde Shyamala ein wichtiger Job in Montreal, Kanada, angeboten. Kamala wollte ihre Freunde und ihre Nachbarn in Berkeley nicht verlassen. Aber für ihre Mutter war es eine großartige Gelegenheit. Also kauften sie Wintermäntel, Stiefel und Handschuhe und machten sich auf den Weg nach Kanada.

In Montreal sprechen viele Menschen Französisch, deshalb schickte Shyamala Kamala und Maya auf eine französischsprachige Schule. Doch Kamala fiel die neue Sprache schwer. Es war schon hart genug, nun in einem anderen Land zu wohnen. Sich einzuleben und gleichzeitig eine neue Sprache zu lernen, machte es noch komplizierter.

Ein weiteres Problem war ihr neues Wohnhaus. Kamala und Maya entdeckten, dass die Kinder nicht auf dem Rasen vor dem Gebäude Fußball spielen durften. Das fanden sie ungerecht! Deswegen protestierten die Schwestern vor dem Gebäude, und bald darauf wurden wurde die Hausordnung geändert. Die Macht ihres Protestes hatte gewirkt.

Kamala wechselte auf eine Schule für bildende Künste und war dort viel glücklicher. Sie lernte Geige, Waldhorn und Pauke zu spielen. Als sie auf die Highschool kam, hatte sie sich an das Leben in Montreal gewöhnt und trat sogar einer Mädchentanzgruppe mit dem Namen Super Six bei. Doch als die Zeit für das College gekommen war, wollte sie in die Vereinigten Staaten zurückkehren.

FÜR DIE MENSCHEN

Nach ihrem Highschool-Abschluss im Jahr 1981 besuchte Kamala die Howard University in Washington, D.C. Die Howard University ist eine HBCU, das bedeutet ausgeschrieben Historically Black College and University, es ist also eine historisch Schwarze Hochschule und Universität. Kamala gefiel es in Howard sofort, denn sie fand es aufregend, von so vielen brillanten und kreativen jungen People of Color umgeben zu sein. Sie war Mitglied im Debattierclub und in einer Studentenverbindung mit dem Namen Alpha Kappa Alpha.

1986 schloss Kamala ihr Studium in Howard mit einem Diplom in Politik- und Wirtschaftswissenschaften ab. Sie beschloss, Anwältin zu werden und kehrte nach Kalifornien zurück, um an der Universität von Kalifornien am Hastings College of the Law, einer Hochschule für Rechtswissenschaften, zu studieren. Das College lag in San Francisco, in der Nähe ihres Heimatortes Berkeley.

HBCUS

(Historically Black Colleges and Universities /
Historisch Schwarze Colleges und Universitäten)

Im frühen 19. Jahrhundert gab es in den Vereinigten
Staaten nicht viele Colleges, die Schwarze Studierende
aufnahmen. Als Reaktion darauf wurden Hochschulen
speziell für Schwarze Studierende gegründet. Die erste
war das African Institute (heute Cheyney University),
das 1837 in Pennsylvania gegründet wurde. Es folgten
weitere Hochschulen, von denen viele in den Jahren nach
dem Bürgerkrieg gegründet wurden, darunter die Howard
University, das Morehouse College, die Hampton
University und die Tuskegee University. Heute gibt es über
hundert HBCUs.

Der Higher Education Act von 1965 definierte
eine HBCU als „jede historisch Schwarze Hochschule
oder Universität, die vor 1964 gegründet wurde und
deren Hauptaufgabe die Ausbildung von Schwarzen
Amerikanerinnen und Amerikanern war und ist".

HOWARD UNIVERSITY

Obwohl sich HBCUs in erster Linie darauf konzentrieren, Schwarzen Studierenden Chancen zu bieten, stehen sie allen Studierenden offen.

In Hastings wurde Kamala klar, dass sie Staatsanwältin werden und in einer Bezirksstaatsanwaltschaft arbeiten wollte.

Ein Staatsanwalt arbeitet in der Regel für eine Stadt- oder Landesregierung. Staatsanwälte entscheiden, ob jemand wegen einer Straftat angeklagt werden sollte. Im amerikanischen Rechtssystem versuchen sie, die Geschworenen davon zu überzeugen, dass die Person, die eines Verbrechens angeklagt ist, schuldig ist. Der Bezirksstaatsanwalt ist der leitende Staatsanwalt für ein bestimmtes Gebiet. Bezirksstaatsanwälte werden in der Regel von den Bürgern vor Ort gewählt.

Viele Familienmitglieder und Freunde waren nicht glücklich über Kamalas Entscheidung, weil sie der Meinung waren, dass Staatsanwälte oft härter gegen People of Color vorgingen. Unschuldige People of Color wurden nämlich häufig von Staatsanwälten, die mehr daran interessiert waren, einen Fall abzuschließen, als für Gerechtigkeit zu sorgen, ins Gefängnis gesteckt.

Kamala sah das anders. Als Schwarze Frau verstand sie, dass das Justiz- und Gerichtssystem fehlerhaft war. Aber genau deshalb hatte sie das Gefühl, sich engagieren zu müssen. Sie wollte versuchen, das System zu ändern. Auf diese Weise würde sie das Leben der Menschen in ihrer Gemeinde verändern können.

Nach ihrem Abschluss an der juristischen Fakultät im Jahr 1989 wurde Kamala eine Stelle als stellvertretende Staatsanwältin im Büro des Bezirksstaatsanwalts von Alameda County in Oakland angeboten. Zunächst musste sie jedoch eine Prüfung ablegen, die sogenannte Anwaltsprüfung. Jeder, der Anwalt werden will, muss diese sehr schwierige Prüfung bestehen. Die Prüfungsergebnisse werden normalerweise erst nach Monaten bekanntgegeben.

Kamala trat ihre neue Stelle an, doch dann erhielt sie eine unerwartete Nachricht. Sie hatte die Anwaltsprüfung nicht bestanden.

Das war ihr furchtbar peinlich. Sie behielt ihren Job, konnte aber keine eigenen Fälle in einem Gerichtssaal übernehmen. Kamala war unglücklich.

Im Februar 1990 legte sie die Prüfung erneut ab. Diesmal bestand sie. Kamala war erleichtert und freute sich, endlich ihre berufliche Laufbahn beginnen zu können.

Kamala konnte jetzt in einen Gerichtssaal gehen und Fälle verhandeln. Als Staatsanwältin stellte sie sich selbst als „Kamala Harris, for the people" (für die Menschen) vor. Das erinnerte Kamala immer daran, dass sie dazu da war, die Menschen in ihrem Bezirk zu vertreten.

1998 nahm Kamala eine Stelle bei der

Bezirksstaatsanwaltschaft von San Francisco an. Es war ein wichtiger Job in einer der größten Städte Amerikas, aber sie stellte fest, dass das Büro sehr unorganisiert war. Es gab nicht genügend Computer. Akten wurden nicht bearbeitet. Mehr als ein Dutzend Anwälte waren plötzlich entlassen worden. Einige Fälle wurden nicht einmal vor Gericht gebracht.

Kamala verließ das Büro des Bezirksstaatsanwalts von San Francisco nach achtzehn Monaten und wechselte zum städtischen Büro des Staatsanwalts von San Francisco. Dort arbeitete sie an Programmen, die missbrauchten Jugendlichen helfen sollten.

Im Jahr 2003 stand die Wiederwahl des Bezirksstaatsanwalts von San Francisco an. Kamala beschloss, gegen ihn zu kandidieren. Sie waren beide Mitglieder der Demokratischen Partei. Er war sehr bekannt. Sie war es nicht. Aber Kamala war der Meinung, dass dieses Amt besser geführt werden sollte. Es war an der Zeit, dass sie das Heft in die Hand nahm.

KAPITEL 3

BEZIRKSSTAATSANWÄLTIN

Kamala richtete ihre Wahlkampfzentrale in Bayview ein, einem Problemviertel von San Francisco. Dort gab es nicht viele Arbeitsplätze, und die Gebäude waren in einem miserablen Zustand. Wahlkampfexperten hatten Kamala gewarnt, dass es ihr niemals gelingen würde, Freiwillige zu finden, die sie in einem „gefährlichen Viertel" unterstützen würden. Aber Kamala bestand darauf. Sie wollte ein Zeichen setzen. Wenn sie zur Bezirksstaatsanwältin gewählt würde, wollte sie für alle Menschen da sein. Dazu gehörten auch die ärmeren Menschen in Gemeinden wie Bayview, die oft übersehen wurden.

Wie sich herausstellte, hatten die Wahlkampfexperten sich geirrt. Aus der ganzen Stadt, sogar aus den wohlhabendsten Gegenden, kamen freiwillige Helfer nach Bayview, um Kamala zu helfen.

Kamala hatte beschlossen, so viele Menschen wie möglich zu erreichen. Deswegen traf man sie oft vor belebten Orten wie Lebensmittelläden an, wo sie mit Kunden sprach und Informationsmaterial verteilte, in dem sie die Ziele ihrer Kampagne erläuterte. Anstelle eines Tisches breitete sie ihr Wahlkampfmaterial auf einem Bügelbrett aus. Sie fand, dass sich das Bügelbrett hervorragend als Stehpult eignete. Und es zog auf jeden Fall die Blicke der Leute auf sich.

Kamala gewann den Wahlkampf. Am 8. Januar 2004 wurde sie als erste Frau und erste Person of Color zur Bezirksstaatsanwältin von San Francisco gewählt. Nachdem sie gewonnen hatte, ging Kamala in ihr neues Büro und erstellte eine Liste von Dingen, die sie tun wollte.

Einige davon waren einfach, wie das Anstreichen der Wände des Büros und die Anschaffung neuer Computer. Andere waren schwieriger. Sie forderte die Staatsanwälte in ihrer Behörde dazu auf, Mordfälle abzuschließen. Kamala wollte nämlich, dass die Familien der Mordopfer Gerechtigkeit erfuhren.

Kamala wollte aber auch sicherstellen, dass das Gerichtssystem nicht zu hart mit Menschen umging, die kleinere Straftaten begangen hatten. In ihren Jahren als

Staatsanwältin hatte sie erlebt, dass eine Verhaftung wegen eines Bagatelldelikts das ganze weitere Leben eines Menschen aus den Fugen geraten lassen kann.

Im Jahr 2005 rief Kamala ein Programm namens „Back on Track", also „Wieder in die Spur kommen", ins Leben. An diesem Programm konnten Personen teilnehmen, die wegen geringfügiger, nicht gewalttätiger Straftaten angeklagt waren. Sie mussten bestimmte Ziele erreichen. Dazu gehörte, dass sie ihren Schulabschluss machten, gemeinnützige Arbeit leisteten und zur Beratung gehen mussten. Wenn sie das Programm durchliefen, wurde die Anklage wegen ihrer Straftat fallen gelassen, und ihr Strafregistereintrag wurde gelöscht.

Back on Track war sehr erfolgreich. Nur wenige der Absolventen des Programms wurden erneut straffällig. Daraufhin führten andere Staaten und Städte ähnliche Programme ein.

Die Menschen waren jedoch nicht immer mit Kamalas sonstigen Entscheidungen einverstanden. Als ein Polizeibeamter in Bayview erschossen wurde, entschied Kamala, keine Todesstrafe für den Mörder des Beamten zu fordern. Das brachte viele Menschen gegen sie auf.

Auch ihr Anti-Schulschwänzer-Programm verärgerte die Menschen. In San Francisco gingen sehr viele Schüler nicht zur Schule. (Das nennt man Schulschwänzen.)

Bei ihrer Arbeit als Staatsanwältin hatte Kamala festgestellt, dass viele Menschen, die kriminell werden, die

Schule nicht abgeschlossen haben. Sie war der Meinung, dass es möglich sei, die Kriminalität einzudämmen, wenn man die Kinder dazu bringe, die Schule zu besuchen. Kamalas Programm umfasste mehrere Schritte, in denen Sozialdienste den Familien von Schülern, die viele Fehlzeiten in der Schule hatten, helfen sollten. Wenn das nicht funktionierte, konnte der Fall an die Staatsanwaltschaft weitergeleitet werden, und die Eltern konnten möglicherweise zu einer Geldstrafe oder sogar zu einer Gefängnisstrafe verurteilt werden.

Einige Leute waren mit diesem Programm nicht einverstanden, weil sie der Meinung waren, dass sich das Rechtssystem nicht in Familien- und Schulangelegenheiten einmischen sollte. Andere vertraten die Ansicht, dass das Programm ungerechterweise auf Familien abzielte, die ohnehin schon Probleme hatten und genau diese Schwierigkeiten nicht berücksichtigte.

Aber Kamala hielt es für wichtig. Sie beschrieb ihre Programme als „intelligente Verbrechensbekämpfung". Und genügend Wähler stimmten ihr zu. Sie wurde für eine zweite Amtszeit als Bezirksstaatsanwältin von San Francisco gewählt.

IMMER DIE ERSTE

Im Jahr 2008 erhielt Kamala eine schreckliche Nachricht. Bei ihrer Mutter, Shyamala, wurde Krebs diagnostiziert. Sie starb im Jahr 2009.

Dieser Verlust war für Kamala äußerst schmerzhaft, da sie ihrer Mutter sehr nahe gestanden hatte. Kamala war von der Stärke ihrer Mutter inspiriert worden und hatte das Gefühl, dass ein Großteil ihres Erfolges darauf zurückzuführen war, wie ihre Mutter sie erzogen hatte. Sie wusste, dass sie niemals aufhören würde, ihre Mutter zu vermissen.

Im Jahr 2010 kandidierte Kamala für das Amt der Generalstaatsanwältin von Kalifornien. Ein Generalstaatsanwalt berät die Regierung des Bundesstaates in allen rechtlichen Angelegenheiten. Der Generalstaatsanwalt vertritt auch die rechtlichen Interessen der Bürgerinnen und Bürger des Staates bei einer Vielzahl von Themen wie Internetkriminalität, Wahlbetrug, Umweltgesetze, Gewaltverbrechen und sogar Kindesunterhalt.

Viele Menschen waren der Meinung, dass Kamala keine Chance hatte. Bisher waren nur wenige Frauen Generalstaatsanwältin eines Bundesstaates geworden. Und noch seltener hatte es Schwarze Generalstaatsanwälte gegeben. Außerdem trat Kamala gegen einen bekannten Republikaner an, der Bezirksstaatsanwalt von Los Angeles gewesen war.

Die Wahl fand am 2. November 2010 statt. Aber die Abstimmungsergebnisse waren zu knapp, um einen eindeutigen Wahlsieger zu verkünden. Daher musste gewartet werden, bis alle Stimmzettel ausgezählt waren.

Die Auszählung zog sich über Wochen hin. Die Leute fragten Kamala ständig, wann das Ergebnis vorliegen würde. Aber sie wusste es nicht.

Es war kurz vor Thanksgiving. Als Kamala gerade in das Flugzeug nach New York stieg, um die Feiertage mit ihrer Schwester und deren Familie zu verbringen, erhielt sie einen Anruf. Alle Stimmen waren ausgezählt worden.

Und sie hatte gewonnen. Kamala war als erste Frau und erste Person of Color zur Generalstaatsanwältin von Kalifornien gewählt worden.

Kamala trat am 3. Januar 2011 ihr Amt an. Und sie musste sich gleich mit einem sehr großen Problem befassen. Die Vereinigten Staaten von Amerika befanden sich seit 2008 in einer Finanzkrise. Viele Menschen hatten ihre Arbeit verloren. Und jetzt verloren sie auch noch ihre Häuser.

Eine Untersuchung ergab, dass viele Hausbesitzer Häuser gekauft hatten, die sie sich nicht wirklich leisten konnten. Banken und Wohnungsbaugesellschaften hatten Hypotheken, also Wohnungsbaudarlehen, vergeben, die nur zu ihrem Vorteil waren. Anschließend entwickelten sie Strategien, um die Menschen aus ihren eigenen Häusern zu vertreiben.

Die Banken wollten die Angelegenheit schnell aus der Welt schaffen. Deshalb boten sie jedem Bundesstaat Geld an, das er an die Menschen weitergeben sollte, die ihre Häuser verloren hatten. Kamala war sich allerdings bewusst, dass die Wohnungskrise das Leben vieler Leute ruiniert hatte, und war deswegen der Meinung, dass diese Menschen mehr Geld verdienten als das, was die Banken anboten. Die Generalstaatsanwälte anderer Bundesstaaten schlossen sich ihrem Kampf an. Schließlich lenkten die Banken ein. Kamala erstritt 25 Milliarden Dollar für die von der Krise betroffenen Kalifornier.

Kamala hatte als Generalstaatsanwältin viele Erfolge zu verzeichnen. Sie führte ihr Back on Track-Programm landesweit ein. Und sie war federführend bei der Einrichtung von Open Justice (das heißt „offene Justiz"), einer Datenbank, die Informationen über Verbrechen und polizeiliche Aktivitäten für die Öffentlichkeit zugänglich macht.

Aber nicht alle waren mit Kamala zufrieden. Als sie ihr Programm zur Bekämpfung des Schulschwänzens von San Francisco auf den gesamten Bundesstaat ausweitete, führte dies dazu, dass einige Eltern ins Gefängnis kamen. Deswegen waren manche Menschen der Meinung, dass Kamala ein familiäres Problem zu einem Verbrechen aufgebauscht hatte. Andere meinten, sie tue nicht genug, um die Brutalität der Polizei zu bekämpfen oder um die überfüllten Gefängnisse in Kalifornien zu reformieren.

Aber Kamala wurde 2014 für eine zweite Amtszeit als Generalstaatsanwältin von Kalifornien gewählt. Und im selben Jahr feierte sie ein weiteres großes Ereignis: ihre Heirat mit Doug Emhoff.

Ein Freund hatte Kamala 2013 mit Doug, einem Anwalt aus Los Angeles, bekannt gemacht. Sie waren sich schnell sicher, dass sie zusammen sein wollten, und sie heirateten am 22. August 2014. Doug hatte zwei Kinder aus einer früheren

Ehe, Cole und Ella. Kamala war überglücklich über ihre neue Familie und lebte sich schnell in ihr neues, gemeinsames Leben ein. Sie liebte es zu kochen und führte eine neue Tradition ein, bei der die Familie jeden Sonntag zu einem gemeinsamen Essen zusammenkam.

Im Jahr 2016 machte Kamala einen weiteren großen Schritt nach vorn, als sie als Demokratin für den US-Senat kandidierte. Sie gewann die Wahl und war damit die erste Woman of Color, die Senatorin von Kalifornien wurde. Zudem war sie die zweite Schwarze Frau, die in den US-Senat gewählt wurde, und die erste Südasiatin mit einem Senatssitz.

Als Senatorin setzte sich Kamala für den Schutz von Einwanderern ein und unterstützte die Pläne zur Bekämpfung des Klimawandels in den Vereinigten Staaten.

Am bekanntesten wurde Kamala jedoch für ihre klugen Verhöre von Personen, die vor die Senatsausschüsse gebracht wurden, denn ihre Erfahrung als Staatsanwältin kam ihr während dieser Sitzungen zugute. Plötzlich wurden die Menschen auf Kamala aufmerksam. Sie sahen in ihr jemanden, der stark, durchsetzungsfähig und klar denkend war.

Diese Qualitäten würde Kamala für ihren nächsten Schritt brauchen: eine Kandidatur für die US-Präsidentschaft.

VIZEPRÄSIDENTIN

Am 27. Januar 2019 begann Kamala ihre Präsidentschaftskampagne in ihrer Heimatstadt Oakland, Kalifornien. Rund zwanzigtausend Menschen hörten ihr zu, als sie über die Probleme sprach, mit denen die Amerikanerinnen und Amerikaner zu dieser Zeit konfrontiert waren, und als sie erklärte, wie sie zu deren Lösung beitragen wollte.

Es war ein großartiger Start für Kamalas Kampagne. Wahlbeobachter bezeichneten sie als eine der Favoritinnen für die Nominierung der Demokraten.

Doch immer mehr Demokraten kündigten an, dass sie ebenfalls für die demokratische Präsidentschaftsnominierung kandidieren würden. Bald waren es über zwanzig Kandidaten!

Die erste Debatte fand im Juni 2019 statt. Kamala sprach über ein Thema, das ihr persönlich wichtig war. Sie wies darauf hin, dass ein anderer Kandidat, der ehemalige Vizepräsident Joe Biden, sich gegen Gesetze ausgesprochen hatte, die es Schülern aus armen Vierteln ermöglichen sollten, mit dem Bus zu Schulen in wohlhabenderen Vierteln zu fahren.

Kamala sagte: „Es gab einmal ein junges Schwarzes Mädchen in Kalifornien, das an diesem Integrationssystem an den öffentlichen Schulen der weißen Schicht teilnahm. Sie

wurde jeden Tag mit dem Bus zur Schule gebracht. Dieses kleine Mädchen war ich."

Kamala sprach mit einer Leidenschaft, die die Menge mitriss. Sie zeigte den Wählern, wie sehr sie persönlich von den Entscheidungen der Gesetzgeber betroffen war und dass

sie wusste, wie auch das Leben der Bürger durch Gesetze verändert werden kann.

Der Videoclip dieses Augenblickes der Debatte ging viral. Und in der Zeit nach der Debatte erhielt Kamalas Wahlkampagne Millionen von Dollar. Umfragen zeigten, dass sie gegenüber den führenden Kandidaten im Rennen an Boden gewann.

Aber es war schwer, aus der großen Menge herauszustechen. Kandidaten wie Joe Biden und Senator Bernie Sanders aus Vermont waren sehr bekannt und bekamen leicht Aufmerksamkeit. Einige Kandidaten waren sehr fortschrittlich. Sie versprachen große Veränderungen, wie Gesundheitsversorgung für alle und kostenlose Hochschulen. Andere waren eher gemäßigt. Sie versprachen ebenfalls Veränderungen, aber langsamer und in kleineren Schritten.

Kamala befand sich irgendwo zwischen diesen Gruppen. In einigen Bereichen war sie fortschrittlich, in anderen gemäßigt. Die Leute konnten sich nicht so leicht ein Bild von ihr machen.

Kamala schlug sich in den Debatten weiterhin hervorragend. Sie arbeitete hart, ging von Tür zu Tür, um mit Wählern zu reden. Aber es wurde zunehmend schwieriger, Geld für ihre Kampagne zu sammeln.

Am 3. Dezember 2019 kündigte Kamala an, dass sie ihre Wahlkampagne beenden würde. Im März 2020 gab sie bekannt, dass sie für Joe Biden stimmen würde. Er wurde daraufhin zum Präsidentschaftskandidaten der Demokraten ernannt.

Nachdem Joe Biden versprochen hatte, eine weibliche Vizepräsidentin zu wählen, führte sein Wahlkampfteam monatelang Gespräche mit angesehenen Politikerinnen für diese Position. Sie wussten, dass er eine Frau mit Erfahrung suchte, die diese Aufgabe optimal bewältigen konnte.

Kamala war eine der Frauen, mit denen sie sprachen. Obwohl sie während der Debatten aneinandergeraten waren, kannte Kamala Joe persönlich. Sie hatte sich immer gut mit ihm verstanden.

Am 11. August rief Joe Biden Kamala an und bot ihr an, sich seiner Präsidentschaftskampagne als Kandidatin für das Amt der Vizepräsidentin anzuschließen.

Sie sagte zu, und die Bekanntgabe erfolgte ein paar Stunden später. An diesem Tag ging Kamala als eine weitere „Erste" in die Geschichtsbücher ein: die erste Woman of Color, die für eine große politische Partei als Vizepräsidentin kandidierte.

Kamalas Mutter hatte ihr immer gesagt: „Du magst die

Erste sein, aber sei niemals die Letzte." Sie meinte damit, dass Kamala versuchen sollte, andere Frauen zu unterstützen, die in ihre Fußstapfen traten, damit es bald mehr Frauen wie Kamala in wichtigen Positionen geben würde und die Menschen nicht mehr zählen mussten, wann eine Frau bei etwas die Erste war.

Als sich Kamala in ihren Converse-Sneakern in den Wahlkampf begab, wusste sie, dass es noch viel zu tun gab. Es gab viele Menschen, deren Stimmen gehört werden mussten. Und sie konnte das ändern. Es fing damit an, dass sie einfach auf die Wahlkampftour ging. Es begann damit, dass sie zeigte, dass sie eine Rolle übernehmen konnte, die Frauen und People of Color bisher vorenthalten gewesen war. Und es fing damit an, anderen Frauen und People of Color zu zeigen, dass auch sie eine starke Stimme haben und gesehen werden.

Am 7. November 2020 wurde bekannt gegeben, dass Joe Biden und Kamala Harris die Wahl gewonnen hatten. Kamala Harris würde die erste Woman of Color sein, die eine der mächtigsten Positionen in der US-Regierung bekleidete. In ihrer Rede nach der Bekanntgabe des Wahlsiegs wandte sich Kamala mit einer Botschaft an die jungen Menschen in der Welt. Sie bat die jungen Menschen, sich das zu erträumen, von dem sie sich sicher seien, dass sie es könnten, und nicht darauf zu hören, was andere von ihnen erwarteten. Kamala forderte sie auf, „sich selbst auf eine Art zu sehen, die andere vielleicht deshalb nicht sehen, einfach weil sie es noch nie gesehen haben. Und wir werden euch begleiten und euch auf jedem Schritt eures Weges applaudieren."

Wieder einmal war Kamala die Erste bei etwas. Aber sie war bereit, dafür zu sorgen, dass sie nicht die Letzte war.

Kamala Harris wurde am 20. Januar 2021 als Vizepräsidentin der Vereinigten Staaten vereidigt.

ZEITLINIE DES LEBENS VON KAMALA HARRIS

1964 — Kamala Harris wird am 20. Oktober in Oakland, Kalifornien, geboren.

1971 — Die Eltern beschließen, sich scheiden zu lassen.

1976 — Umzug nach Montreal

1986 — Abschluss an der Howard University

1989 — Erlangung eines Jura-Diploms am Hastings College

1990 — Ernennung zur stellvertretenden Bezirksstaatsanwältin in Oakland

1998 — Wechsel in die Bezirksstaatsanwaltschaft von San Francisco

2003 — Wahl zur Bezirksstaatsanwältin von San Francisco

2005 — Gründung des Programms „Back on Track" für San Francisco

2009 — Mutter stirbt an Dickdarmkrebs

2010 — Wahl zur Generalstaatsanwältin von Kalifornien

2014 — Heirat mit Douglas Emhoff

2016 — Wahl zur US-Senatorin von Kalifornien

2019 — Erklärt im Januar ihre Kandidatur für das Präsidentenamt; scheidet im Dezember aus dem Rennen aus

2020 — Wird von Joe Biden als Vizepräsidentschaftskandidatin ausgewählt

2021 — Wird am 20. Januar als Vizepräsidentin der Vereinigten Staaten vereidigt.

ZEITLINIE DER WELT

Das Bürgerrechtsgesetz wird in den Vereinigten Staaten verabschiedet. —	1964
Martin Luther King Jr. wird ermordet. —	1968
Neil Armstrong ist der erste Mensch, der den Mond betritt. —	1969
Die Oper von Sydney wird in Australien eröffnet. —	1973
Die Susan-B.-Anthony-Dollar-Münze wird eingeführt. —	1979
Der Zauberwürfel Rubik's Cube wird weltweit auf den Markt gebracht.	1980
Der Halleysche Komet erscheint zum ersten Mal seit sechsundsiebzig Jahren.	1986
Die Mall of America wird in Bloomington, Minnesota, eröffnet. —	1992
Der IBM-Computer Deep Blue besiegt den Schachchampion Garry Kasparow.	1996
Das London Eye, das zu dieser Zeit höchste Riesenrad der Welt, wird eröffnet.	2000
Eine Social-Networking-Website für Harvard-Studenten, später bekannt als Facebook, wird gestartet.	2004
Der Schwimmer Michael Phelps gewinnt acht Goldmedaillen bei den Olympischen Sommerspielen, die meisten Goldmedaillen, die ein Sportler je bei einer einzelnen Olympiade gewonnen hat.	2008
Die Occupy-Wall-Street-Proteste gegen Einkommensungleichheit beginnen in New York.	2011
Das Spiel Pokémon Go wird veröffentlicht. —	2016
Der legendäre Basketballer Kobe Bryant und seine Tochter Gianna kommen bei einem Hubschrauberunfall in Kalifornien ums Leben.	2020

QUELLEN

Bruinius, Harry: *In Kamala Harris's richly textured background, a portrait of America today.* Christian Science Monitor, 19. August 2020. https://www.csmonitor.com/ USA/Politics/2020/0819/ In-Kamala-Harris-richly-textured- background-a-portrait-of- America-today.

Burns, Alexander; Astead W. Herndon und Jonathan Martin: *How Kamala Harris's Campaign Unraveled.* New York Times, 29. November 2019. https://www.nytimes. com/2019/11/29/us/ politics/kamala-harris-2020.html.

Egelko, Bob: *Harris' record as California attorney general could become issue in presidential race.* San Francisco Chronicle, 24.August 2020. https://www.sfchronicle. com/politics/article/ Harris-record-as-California-attorney- general-15508824.php.

Goodyear, Dana: *Kamala Harris Makes Her Case.* New Yorker, 15. Juli 2019. https://www.newyorker.com/ magazine/2019/07/22/ kamala-harris-makes-her-case.

Harris, Kamala: *The Truths We Hold: An American Journey.* New York: Penguin Books, 2019.

Harris, Rachel L.: *Kamala Harris's Nomination Is Everything to Me.* New York Times, 15. August 2020. https:// www.nytimes.com/ 2020/08/15/opinion/kamala-harris-vice-president-biden.html.

Kim, Catherine und Zack, Stanton: *55 Things You Need to Know About Kamala Harris.* Politico, 11. August 2020. https://www. politico.com/news/magazine/2020/08/11/ kamala-harris-vp- background-bio-biden-running-mate-2020-393885.

Lightman, David: *Kamala Harris in California: Big winner but a polarizing figure.* Sacramento Bee, 11. August 2020. https:// www.sacbee.com/news/politics-government/election/ presidential-election/article244639912.html.

Lopez, German: *Kamala Harris's controversial record on criminal justice, explained.* Vox, 12. August 2020. https:// www. vox.com/future-perfect/2019/1/23/18184192/kamala-harris- president-campaign-criminal-justice-record.

Sitrin, Carly: *5 things Sen. Kamala Harris has done besides be interrupted.* Vox, 16. Juni 2017. https://www.vox.com/ policy-and-politics/2017/6/16/15808396/kamala-harris-democrat-rising-star-interrupted.

Summers, Juana: *Howard University Shaped Kamala Harris' Path to Political Heights.* Morning Edition. NPR, 19. August 2020. https://www.npr.org/2020/08/19/903716274/ howard- university-shaped-kamala-harris-path-to-political-heights.